100% Goûters

Stylisme et photographies
Sophie Mutterer

Recettes et réalisation
Anne Chiumino

Illustrations
Aki

Bayard Jeunesse

A LAFRITE
QUI
DANSE
CAMEMBERT
DE

L'éditeur remercie les enseignes « Sabre » et « Loulou Addict », qui ont prêté gracieusement de la vaisselle.

Merci à Lou, Cobane, Emma, Madeleine, Georges et Louis qui ont bien voulu participer aux séances de photos.

Conception éditoriale et graphique : Bayard Éditions

18 rue Barbès, 92128 Montrouge cedex
ISBN : 978-2-7470-3969-7
Dépôt légal : mai 2012

Loi 49-956 du 16 juillet 1949 sur les publications destinées à la jeunesse
Imprimé en Malaisie par Tien Wah Press
Deuxième édition

100% Goûters

Pommes d'amour 9
Pâtes de fruits 10
Roudoudous et sucettes 11
Petits sujets en pâte d'amandes 12
Spritz 13
Langues-de-chat 14
Smileys 15
Goûters de 4 H 16
Petits palmiers 17
Monsieur et Madame Biscuit 18
Cookies aux Smarties 19
Bracelets à croquer 20
Pousse-pouce orange et framboise 21
Serpents à la vanille 22
Roses des sables 23
Étoiles et lunes glacées au citron 24
Allumettes au chocolat 25
Barres aux fruits confits 26
Brownies au Toblerone 27
Madeleines Tagada et Banana 28
Meringues à la rose 29
Macarons au chocolat 30
Carrément coco 31
Chouquettes multicolores 32
Congos rigolos 33
Cup cakes au citron et à l'orange 34
Mini-croissants 35
Tartelettes aux fruits rouges 36
Cigares aux amandes 37
Chips de crêpes et fondue au chocolat 38
La véritable île flottante 39
Pain pas perdu pour tout le monde ! 40
Moelleux au chocolat 41
Clémentines givrées 42
Smoothies 43
Le cinq-quarts de Madeleine 44
Clafoutis aux cerises 45
Carrot cake (cake à la carotte) 46
Flan rapido aux abricots 47
Roulé au Nutella ® 48
Gâteau aux pommes râpées 49
Crumble aux framboises 50
Abeille en pain d'épices 51
Fraisier en pièce montée 52
Gâteau bougie 53
Guirlandes de bonbons 54
Cocktails bicolores 55
Sandwiches choco-fruits 56
Salade de fruits rouges aux bonbecs 57
Jus de fruits dans le fruit 58
Saucisson au chocolat 59
Cornet de frites sucrées 60
Gâteau camembert ! 61
Doigts et moustaches pour rigoler 62-63

Les ustensiles utiles !

☞ Une ou deux plaques à pâtisserie pour le four : si tu n'en as pas, tu peux utiliser la lèchefrite du four.

☞ Du papier sulfurisé (également appelé papier cuisson).

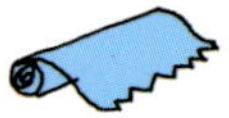

☞ Un fouet : il peut être remplacé par une fourchette.

☞ Un batteur à œuf pour monter les blancs en neige.

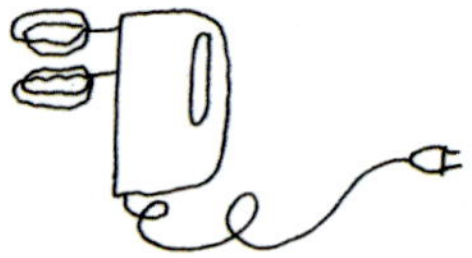

☞ Un moule à manqué : c'est un moule rond à bords hauts. Tu peux le remplacer par un plat à gratin.

☞ Des emporte-pièce : pour donner des formes à tes biscuits. Si tu n'en as pas, tu peux faire des ronds avec des verres retournés. Pense aussi à utiliser tes moules pour pâte à modeler, ou même les moules pour jouer dans le sable de ton petit frère ou de ta petite sœur (après les avoir bien lavés !).

☞ Une balance : c'est plus pratique pour peser les ingrédients, mais tu peux aussi utiliser un verre doseur. Pour le beurre, la plupart des plaquettes indiquent le grammage sur le papier.

☞ Des pinceaux : ils te serviront à étaler le glaçage de certains biscuits et à dorer les croissants ou les cigares aux amandes.

☞ Une râpe à gros trous : pour la recette du gâteau aux pommes râpées p. 49.

☞ Des caissettes en papier plissé, grandes et petites : pour réaliser les cup cakes p. 34 (mais si tu as un moule à muffins en silicone, c'est encore mieux !).

☞ Un tablier : attention, la cuisine ça tache ! Si tu n'en as pas, prends un torchon !

☞ Une poche à douille : elle sert à faire des formes régulières (bâtonnets, couronnes...). On l'utilise pour les pâtes crémeuses (tu en auras besoin pour les meringues et les frites, p. 29 et 60). Si tu n'en as pas, prends un sac congélation (ou un petit sac plastique sans trous !) et enlève un petit angle, de la taille d'un petit pois, au bas du sac, à droite ou à gauche peu importe. Remplis le sac de pâte et appuie pour la faire sortir par le petit trou.

☞ Il te faudra aussi : des casseroles, une poêle, une cuillère en bois, une spatule (cuillère fine et plate pour détacher les biscuits et meringues de la plaque de cuisson), un minuteur (ou une bonne montre pour surveiller le temps de cuisson), sans oublier un papa ou une maman pour mettre tes gâteaux au four et pour les sortir !

Le parfait petit cuisinier en 10 leçons !

Quelques conseils pour être un vrai chef…

❶ Lis attentivement la recette en entier avant de commencer : tu sauras s'il te manque des ingrédients ou des ustensiles et quelles étapes comporte ta recette.

❷ Dispose tous les ingrédients et les ustensiles dont tu auras besoin sur ton plan de travail : il ne faut pas que tu cherches tes piques à brochettes pendant que ton caramel cuit, sinon il sera brûlé !

❸ Préchauffe toujours ton four suffisamment longtemps : s'il n'est pas assez chaud, les gâteaux ne lèveront pas et les biscuits perdront leur jolie forme.

❹ Sors les œufs du réfrigérateur avant de les utiliser : les blancs monteront mieux, les jaunes se mélangeront mieux, ta recette sera meilleure !

❺ Dans les recettes où l'on te demande d'écraser le sucre et le beurre, pense à le sortir du réfrigérateur une heure avant : ce sera plus facile à mélanger et plus crémeux.

❻ On met une pincée de sel dans toutes les recettes (ou presque) car cela donne plus de goût aux préparations.

❼ Les blancs en neige seront bien fermes si tu ajoutes une pincée de sel avant de les battre. Attention, il ne faut pas qu'il y ait une goutte de jaune sinon ils ne monteront pas. Utilise des œufs les plus frais possible. Commence à les battre doucement puis de plus en plus vite. Il faut prévoir un récipient assez large : les blancs en neige ont besoin de beaucoup d'air pour monter !

❽ Attends que tes sablés, biscuits et autres gâteaux soient bien refroidis avant de les manger : laisse-les sur la plaque et patiente ! Ils auraient moins de goût encore tièdes.

❾ Pour faire fondre le chocolat, fais-le plutôt au bain-marie : mets les carreaux de chocolat dans une petite casserole posée sur une plus grande casserole à moitié remplie d'eau frémissante.

❿ Si une recette te semble difficile à réaliser, demande à tes parents de t'aider. À plusieurs, c'est plus facile et c'est plus rigolo !

Petit tour du monde des goûters

Gâteaux, biscuits, barres de céréales, viennoiseries, bonbons et jus de fruits, les goûters des enfants français sont très variés... et très sucrés ! Sais-tu qu'ailleurs, en Afrique, en Asie, et même en Europe, les goûters des petits écoliers sont très différents des tiens ?

En Thaïlande, les enfants (et les adultes) adorent les insectes grillés ; criquets, sauterelles, cigales sont leurs bonbons à eux : de véritables friandises !

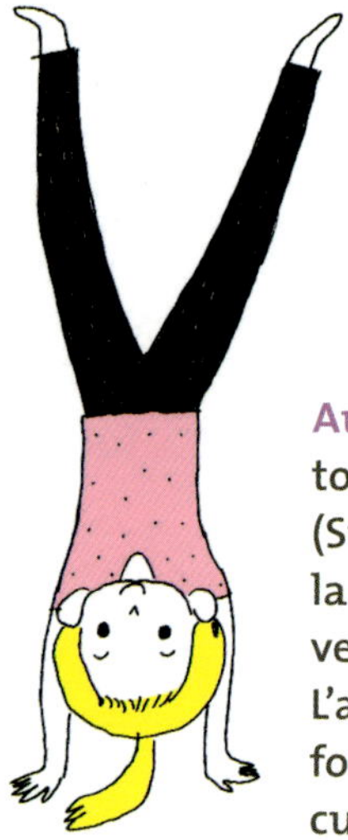

Au Danemark, comme dans tous les pays nordiques (Suède, Norvège, Finlande...), la journée scolaire se finit tôt, vers 13 heures. L'après-midi, les enfants font du sport et des activités culturelles puis rentrent dîner chez eux. Il n'y a pas de goûter parce que le repas est pris entre 17 et 18 heures.

Au Japon, les écoliers adorent les « dango » : ce sont de petites boulettes de farine de riz bouillies et assaisonnées de sirop de soja sucré, enfilées sur des brochettes en bois. On mange aussi des « daifuku », sucreries à base de riz gluant garnies de pâte de haricot rouge.

En Chine, dès leur plus jeune âge, les enfants grignotent des graines de tournesol salées : dans la cour de l'école ou dans la rue, le sol est parfois jonché d'enveloppes de graines !

En Espagne, il n'y a pas de petit-déjeuner et les journées commencent tôt. Lors de la pause de 10 heures, les enfants mangent des sandwiches au chorizo, au jambon, au fromage ou à l'omelette ainsi qu'à la sortie de l'école vers 17 heures, car le dîner se prend tard.

Au Burkina-Faso, au Mali et dans de nombreux pays d'Afrique, les enfants n'ont pas souvent trois ou quatre repas par jour comme dans les pays riches. Il n'y a donc pas de goûter, mais des repas à base de bouillies de manioc, de riz, de maïs ou de mil avec un peu de sucre.

Pommes d'amour

Pour 4 pommes d'amour, il te faut :

- 40 morceaux de sucre
- 4 pommes golden
- Quelques gouttes de colorant rouge
- 2 cuillerées à soupe d'eau
- 1 cuillerée à café de jus de citron
- 4 piques à brochettes

1. Dispose une feuille de papier cuisson à côté de ta cuisinière.
Lave et sèche les pommes et enfonce une pique à brochette dans le trognon.

2. Fais un caramel dans une petite casserole : mouille les morceaux de sucre avec l'eau, le colorant et le jus de citron.

3. Porte à ébullition et remue la casserole de temps en temps. Lorsque le caramel brunit et sent bon, plonge une pomme dedans en la tournant avec la pique pour bien la napper. Pose les pommes sur la feuille de papier. Renouvelle l'opération.

4. Laisse bien refroidir et durcir avant de croquer (et lave-toi bien les dents après : c'est sucré !) Miam !

Pâtes de fruits

Pour 50 pâtes de fruits, il te faut :

250 g de fruits rouges mélangés frais ou surgelés ou 250 g d'ananas en morceaux

300 g de sucre en poudre

10 g de gélifiant pour confiture (rayon sucre du supermarché)

1 verre d'eau

50 g de sucre cristallisé

1 Lave et coupe tes fruits en petits morceaux (sauf s'ils sont surgelés). Fais-les bouillir dans une casserole avec un peu d'eau. Lorsqu'ils sont en purée, laisse-les refroidir, puis mixe-les.

2 Mets le sucre en poudre et le gélifiant dans une casserole avec un verre d'eau, mélange bien et fais bouillir.

3 Verse la moitié de la purée de fruits dans ce mélange sucré. Lorsque la confiture bout à nouveau, ajoute le reste de fruits et fais cuire à feu doux 6 minutes en remuant sans cesse.

4 Étale ta pâte de fruits dans un moule de 15 à 20 cm de diamètre, recouvert d'une feuille de papier cuisson. Laisse refroidir.

5 Lorsque la pâte est bien froide, coupe-la en petits carrés (ou en ronds à l'aide d'un emporte-pièce) et roule les morceaux dans le sucre cristallisé.

Roudoudous et sucettes

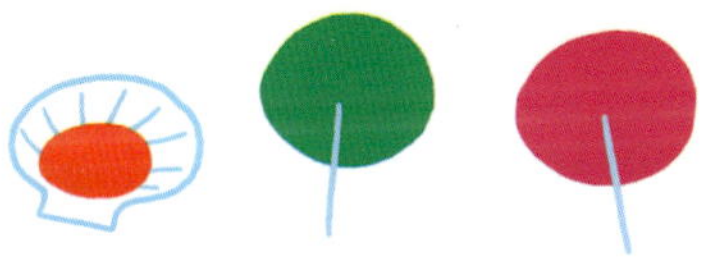

Pour 10 sucettes et 10 roudoudous, il te faut :

40 morceaux de sucre

2 ou 3 cuillerées à soupe d'eau

1 cuillerée à café de jus de citron

Quelques gouttes de colorants alimentaires

Quelques gouttes de parfum alimentaire ou arômes menthe, citron, orange…

10 coquillages (de la taille des roudoudous)

10 bâtonnets coupés dans des piques à brochettes

Le truc en plus :
Si tu n'as pas de coquillages, tu peux aussi remplir des bacs à glaçons pour obtenir de jolis bonbons !

1 Dispose une grande feuille de papier cuisson sur ton plan de travail, à proximité de la cuisinière. Pose à côté les bâtonnets et tes roudoudous.

2 Fais un caramel en mouillant les morceaux de sucre avec l'eau, le citron, le colorant et l'arôme.

3 Porte le caramel à ébullition sans mélanger mais en remuant parfois la casserole sur le feu. Lorsque le caramel brunit, verses-en des petits tas sur la feuille de cuisson en les espaçant bien.

4 Verse aussi du caramel dans les coquilles. Enfonce un bâtonnet à plat dans chaque sucette. Laisse bien durcir.

5 Recommence si tu veux varier les couleurs et les arômes.

Petits sujets en pâte d'amandes

Pour environ 10 sujets, il te faut :

250 g de pâte d'amandes blanche

Quelques gouttes de colorants alimentaires (rouge, bleu et jaune)

1 Sépare ta pâte en 6 morceaux : un gros et 5 plus petits.

2 Dépose quelques gouttes de colorant dans 5 soucoupes : une rouge, une bleue, une jaune, une verte (jaune et bleu), une orange (jaune et rouge). Trempe chaque morceau dans une couleur en gardant le plus gros morceau nature.

3 Détache de tout petits morceaux de pâte blanche et roule-les entre tes doigts pour en faire des mini-billes : il t'en faut une trentaine.

4 Façonne le corps et la tête du mouton. Ajoute les pattes et les oreilles. Colle les petites billes sur le corps du mouton. Fais-lui des yeux d'une autre couleur.

5 Façonne les autres animaux sur le même modèle : invente ton bestiaire imaginaire !

Spritz (ce n'est pas un gros mot, c'est un biscuit danois !)

Pour environ 30 spritz, il te faut :

- 125 g de farine
- 110 g de beurre
- 65 g de sucre en poudre
- 1 jaune d'œuf
- 1 pincée de sel
- 1/2 cuillerée à café d'arôme vanille

1. Allume le four à 160 °C (th. 5). Mélange le beurre (mou, c'est mieux) et le sucre à la fourchette, puis ajoute le jaune d'œuf et l'arôme vanille.

2. Verse ensuite la farine et le sel progressivement tout en mélangeant : la pâte doit être assez molle.

3. Garnis une poche à douille avec ta préparation. Place une feuille de papier cuisson sur ta plaque et dispose ta pâte en petits cercles.

4. Fais-les cuire 7 ou 8 minutes jusqu'à ce que les bords soient dorés. Attends qu'ils soient refroidis pour les sortir du four : ils sont assez friables.

Langues-de-chat

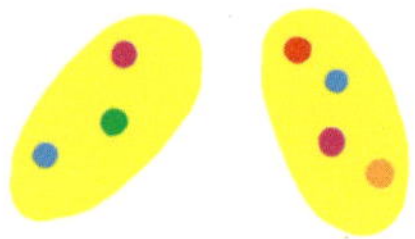

Pour environ 20 langues-de-chat, il te faut :

40 g de beurre mou

40 g de sucre en poudre

1 œuf

60 g de farine

1 cuillerée à soupe de jus de citron

30 g de sucre glace

Quelques gouttes de colorants alimentaires

1. Allume le four à 160 °C (th. 5). Avec une fourchette, écrase le beurre coupé et le sucre.

2. Ajoute l'œuf et le jus de citron, puis verse la farine petit à petit en remuant. Ta pâte est prête quand elle est crémeuse.

3. Pose une feuille de papier cuisson sur la plaque du four. Verse ta préparation dans une poche à douille. Dépose des petits tas de pâte en forme de langues.

4. Fais cuire les langues-de-chat 5 à 6 minutes jusqu'à ce que les bords soient dorés. Laisse-les refroidir.

5. Pour des langues-de-chat rigolotes : délaye un peu de jus de citron dans le sucre glace. Dispose une cuillerée à café de glaçage dans 4 ou 5 soucoupes et ajoute dans chacune une goutte de colorant. Avec un pinceau, décore tes biscuits !

Smileys

Pour 8 biscuits, il te faut :

- 200 g de farine
- 60 g de beurre
- 2 jaunes d'œuf
- 60 g de sucre en poudre
- 100 g de chocolat au lait
- 1 pincée de sel

1 Coupe le beurre en petits morceaux et mets tous les ingrédients (sauf le chocolat) dans un saladier. Mélange-les du bout des doigts pour faire une boule de pâte bien lisse. Place-la 1/2 heure au frais.

2 Fais fondre à feu très doux le chocolat au bain-marie. Pendant ce temps, allume le four à 160 °C (th. 5).

3 Étale la pâte et découpe 16 ronds à l'aide d'un verre retourné. Avec un petit couteau, découpe deux ronds et une lune sur 8 biscuits pour tracer les yeux et la bouche.

4 Place une feuille de papier cuisson sur deux plaques, dispose les ronds de pâte et fais cuire 10 minutes.

5 Laisse refroidir. Étale un peu de chocolat sur 8 biscuits, puis recouvre-les avec les 8 faces des smileys. Attends que le chocolat durcisse pour les manger !

Goûters de 4 H

4 H

Pour 8 goûters, il te faut :

- 50 g de sucre en poudre
- 50 g de beurre
- 150 g de farine
- 1 jaune d'œuf
- 1 sachet de sucre vanillé
- 1 cuillerée à soupe de lait
- 1 pincée de sel

1 Préchauffe le four à 160 °C (th. 5). Verse la farine, le sucre, le sucre vanillé, puis le sel dans un saladier et fais un puits au milieu.

2 Coupe le beurre en petits morceaux et mets-le dans le puits avec le jaune d'œuf. Malaxe doucement du bout des doigts jusqu'à ce que la pâte soit bien lisse.

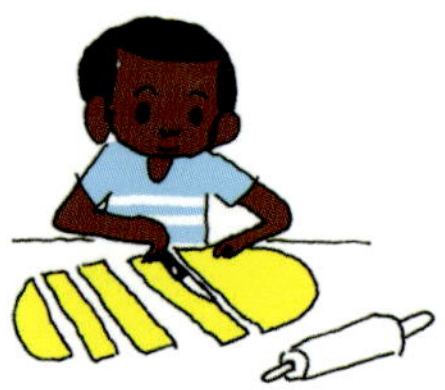

3 Étale la pâte (pas trop fine). Découpe 12 bandes de 12 cm de long sur 3 cm de large, puis 12 bandes de 6 cm de long sur 3 cm de large.

4 Assemble les bandes pour former les **H** et les **4** et dispose-les sur une feuille de papier cuisson. Avec un pinceau, badigeonne tes biscuits de lait, puis mets-les au four 10 minutes. Laisse refroidir.

Petits palmiers

Pour environ 30 palmiers, il te faut :

1 pâte feuilletée prête à dérouler

25 g de sucre en poudre

1 jaune d'œuf

❶ Sors la pâte du réfrigérateur avant de la dérouler entièrement. Laisse-la sur son papier d'origine.

❷ Allume le four à 180 °C (th. 6). Saupoudre la moitié du sucre sur toute la surface de la pâte.

❸ Roule la pâte (sans le papier) des deux côtés à la fois, bien serrée, vers le centre, jusqu'à ce que les deux boudins se rejoignent. Mets-la au frais 15 minutes.

❹ Coupe le rouleau en tranches et dispose tes palmiers sur une plaque recouverte d'une feuille de papier cuisson.

❺ Badigeonne les palmiers à l'aide d'un pinceau trempé dans le jaune d'œuf battu avec un peu de sucre. Saupoudre de sucre l'ensemble des biscuits et fais-les cuire 10 minutes environ jusqu'à ce qu'ils soient bien dorés.

Monsieur et Madame Biscuit

Pour 6 biscuits, il te faut :

- 100 g de sucre en poudre
- 5 cuillerées à soupe de miel
- 60 g de beurre
- 1 petit œuf
- 300 g de farine
- 1 cuillerée à café de bicarbonate
- 30 g de sucre glace
- 1 cuillerée à café de jus de citron
- 4 gouttes de colorants alimentaires (bleu et rouge)

1. Fais bouillir le sucre et le miel dans une casserole. Saupoudre de bicarbonate et mélange avec un fouet : ça va mousser !

2. Ajoute le beurre en petits morceaux. Puis, hors du feu, ajoute l'œuf en tournant très vite pour ne pas le cuire.

3. Incorpore la farine petit à petit : la pâte doit être bien lisse. Mets-la au frais sous un film plastique.

4. Préchauffe le four à 160 °C (th. 5). Étale la pâte et découpe des ronds à l'aide d'un verre : 6 petits et 6 grands. Avec les restes de pâte, façonne les bras et les jambes, puis assemble les morceaux.

5. Fais cuire les biscuits 10 à 12 minutes jusqu'à ce qu'ils soient dorés. Une fois refroidis, réalise le glaçage : mélange le sucre glace, une cuillerée de jus de citron et quelques gouttes de colorant (si tu souhaites deux couleurs, sépare le glaçage en deux). Décore-les avec un pinceau.

Cookies aux Smarties®

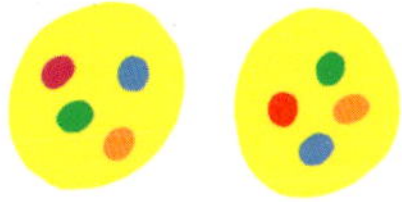

Pour environ 20 cookies, il te faut :

- 150 g de farine
- 80 g de sucre de canne
- 70 g de beurre mou
- 1 petit œuf
- 1 cuillerée à café de levure chimique
- 1 cuillerée à café d'extrait de vanille
- 1 boîte de mini-Smarties®
- 1 pincée de sel

1 Préchauffe le four à 160 °C (th. 5).
Écrase le beurre et le sucre à la fourchette jusqu'à ce que le mélange soit bien crémeux.

2 Ajoute l'œuf, le sel et l'extrait de vanille, mélange l'ensemble, puis verse la farine et la levure petit à petit.
Mélange encore.

3 Détache des petits morceaux de pâte et aplatis-les entre les paumes de tes mains.
Dispose-les sur une feuille de papier cuisson et mets-les au four 10 à 12 minutes.

4 Quand c'est cuit, enfonce les bonbons dans chaque cookie (attention à ne pas te brûler !). Attends qu'ils soient bien froids pour les déguster.

Bracelets à croquer

Pour 6 bracelets, il te faut :

- 150 g de farine
- 60 g de sucre roux
- 75 g de beurre mou
- 1 sachet de sucre vanillé
- 1 petit œuf
- 1 cuillerée à soupe de cannelle en poudre
- 1 pincée de sel
- Quelques gouttes de colorants alimentaires (jaune, rouge et bleu)
- 1 pique à apéritif
- 1 m de fil élastique

1. Préchauffe le four à 160 °C (th. 5). Écrase le beurre à la fourchette avec le sucre roux et le sucre vanillé. Ajoute l'œuf et mélange jusqu'à ce que ce soit crémeux.

2. Verse la farine avec le sel, et pétris la pâte jusqu'à ce qu'elle soit bien lisse.

3. Divise-la en 4 boules et colore chacune de quelques gouttes de colorant (tu obtiendras du vert en mélangeant le bleu et le jaune).

4. Détache de petits morceaux de pâte et forme des boulettes. Dispose-les sur une feuille de papier cuisson et troue-les avec une pique à apéritif. Hop, au four !

5. Une fois les boulettes refroidies, fabrique tes bracelets en répartissant les couleurs. Enfile-les sur 20 cm d'élastique et fais un gros nœud. Si le trou n'est pas assez grand, élargis-le encore avec la pique.

Pousse-pouce orange et framboise

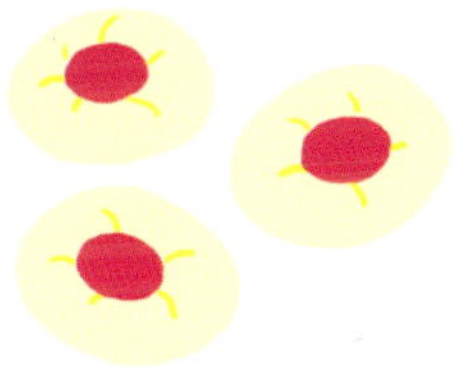

Pour environ 30 pousse-pouce, il te faut :

- 250 g de farine
- 100 g de sucre en poudre
- 175 g de beurre mou
- 1 cuillerée à café de bicarbonate
- 1 pincée de sel
- 1 cuillerée à café d'extrait de vanille
- 1 cuillerée à soupe de confiture d'orange
- 1 cuillerée à soupe de confiture de framboise

1. Préchauffe le four à 160 °C (th. 5). Écrase le beurre et le sucre à la fourchette et ajoute l'extrait de vanille.

2. Dans un bol à part, mélange la farine, le bicarbonate et le sel et verse-en la moitié sur ta préparation beurre-sucre. Mélange bien, puis ajoute le reste du bol.

3. Réalise des boules de pâte de la grosseur d'une noix et dispose-les sur une plaque garnie d'une feuille de papier cuisson. Enfonce ton pouce au milieu de chaque boulette.

4. Dépose un peu de confiture dans chaque trou et fais cuire tes biscuits environ 10 minutes. Ils doivent rester blancs et craquelés sur les côtés.

Serpents à la vanille

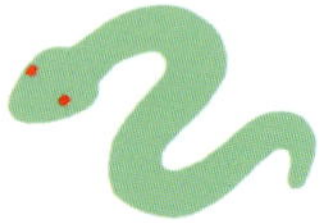

Pour environ 30 serpents, il te faut :

200 g de farine

125 g de sucre en poudre

125 g de beurre

1 œuf

1 cuillerée à café d'extrait de vanille

1 pincée de sel

Quelques gouttes de colorants alimentaires (jaune, bleu, rouge)

1. Préchauffe le four à 160 °C (th. 5). Dans un saladier, mets le sucre, l'œuf et l'extrait de vanille. Fouette le mélange à la fourchette.

2. Verse la farine d'un seul coup. Plonge tes mains dans le saladier, les doigts écartés, et mélange de bas en haut jusqu'à ce que tu obtiennes une préparation sableuse.

3. Incorpore le beurre coupé en morceaux et pétris jusqu'à ce que la pâte forme une boule bien lisse. Réserve un petit morceau de pâte, que tu coloreras en rouge. Pour obtenir du vert, verse 5 gouttes de colorant jaune et 2 gouttes de bleu dans un saladier et roules-y la pâte dedans.

4. Détache des boules de pâte et roule-les en forme de serpents. Ajoute des petits yeux de pâte rouge et dispose les biscuits sur une feuille de papier cuisson.

5. Enfourne-les 7 à 8 minutes : il ne faut pas qu'ils brunissent. Laisse refroidir.

Roses des sables

Pour environ 20 bouchées, il te faut :

150 g de chocolat noir (ou au lait si tu préfères)

50 g de beurre

50 g de corn-flakes

1. Casse le chocolat en petits morceaux et fais-le fondre avec le beurre dans une casserole, à feu doux.

2. Lorsqu'il est bien fondu, place la casserole hors du feu, ajoute les corn-flakes et mélange bien.

3. Avec une cuillère, dépose des petits tas sur un plat recouvert d'une feuille de papier cuisson. Mets-les au frais pour une heure.

Le truc en plus :
Tu peux aussi faire des roses des sables roses avec du chocolat blanc et quelques gouttes de colorant alimentaire rouge !

Étoiles et lunes glacées au citron

Pour environ 30 biscuits, il te faut :

- 125 g de sucre
- 125 g de beurre mou
- 2 jaunes d'œufs
- 250 g de farine
- le zeste et le jus de 1 citron
- 20 g de sucre glace
- du colorant alimentaire jaune

1 Mélange le sucre et le beurre, puis ajoute les jaunes d'œufs. Ajoute le zeste et la moitié du jus de citron.

2 Verse la farine et pétris la pâte jusqu'à ce qu'elle soit bien lisse. Allume le four à 160 °C (th. 5).

3 Étale la pâte sur une planche farinée et découpe des étoiles, des lunes, des cœurs... avec des emporte-pièces.

4 Dispose tes biscuits sur une plaque garnie d'une feuille de papier cuisson et fais-les cuire 10 minutes. Laisse bien refroidir.

5 Délaye le sucre glace avec le reste de jus de citron et quelques gouttes de colorant (ajoute un peu d'eau si le glaçage est trop épais. Il ne doit être ni pâteux ni liquide). Décore tes biscuits avec un pinceau et laisse sécher 1 heure.

Allumettes au chocolat

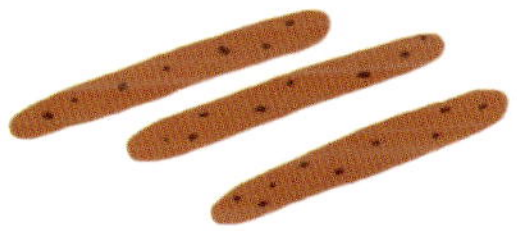

Pour environ 30 allumettes, il te faut :

125 g de farine

70 g + 1 cuillerée à soupe de sucre en poudre

60 g de beurre

1 œuf + 1 blanc

25 g de cacao en poudre non sucré

1 pincée de levure chimique

Un peu d'arôme d'orange (ou 1 zeste d'orange non traitée)

1 Écrase le beurre et le sucre à la fourchette, ajoute l'œuf et l'arôme d'orange (ou le zeste).

2 Mélange le cacao, la farine et la levure, verse-les sur la préparation et pétris jusqu'à ce que la pâte forme une boule.

3 Allume le four à 180 °C (th. 6). Détache des petites boules de pâte et roule-les sur une feuille de papier cuisson pour en faire de grosses allumettes.

4 Dispose les allumettes sur une plaque garnie d'une feuille de papier cuisson. Badigeonne-les de blanc d'œuf battu avec une cuillerée à soupe de sucre. Fais-les cuire 10 petites minutes. Laisse bien refroidir.

Barres aux fruits confits

Pour environ 20 barres, il te faut :

- 125 g de beurre
- 125 g de sucre en poudre
- 400 g de farine
- 2 œufs + 2 jaunes
- 50 g de fruits confits
- 3 cuillerées à soupe de poudre d'amandes
- 1 pincée de sel

1. Préchauffe le four à 160 °C (th. 5). Fouette les œufs et le sucre jusqu'à ce que ça mousse.

2. Fais fondre le beurre en petits morceaux à feux doux dans une casserole, puis verse-le sur ta préparation en mélangeant bien.

3. Ajoute la farine, le sel, la poudre d'amandes, les fruits confits. Mélange pour rendre la pâte bien lisse.

4. Étale ta pâte dans un moule (si possible carré) garni d'une feuille de papier cuisson. Mets au four 15 minutes.

5. Dès la sortie du four, découpe ton biscuit en barres et laisse refroidir complètement.

Brownies au Toblerone®

Pour 12 brownies, il te faut :

- 350 g de sucre en poudre
- 200 g de beurre
- 125 g de farine
- 75 g de cacao en poudre non sucré
- 4 œufs
- 1 petite barre de Toblerone®
- 1 cuillerée à café d'arôme vanille
- 1/2 sachet de levure chimique
- 1 pincée de sel

1. Dans une casserole, fais fondre le beurre en morceaux à feu doux. Pendant ce temps, préchauffe ton four à 120 °C (th. 4).

2. Hors du feu, fouette le sucre avec le beurre fondu, puis ajoute les œufs un par un en remuant vite pour éviter qu'ils cuisent.

3. Dans un saladier, mélange la farine, le cacao, la levure et le sel, puis mélange le tout à l'autre préparation. Ajoute le Toblerone cassé en petits morceaux.

4. Dispose une feuille de papier cuisson sur le fond de ton moule (carré, de préférence) et verse la pâte dessus. Fais cuire 45 minutes.

5. Plante une lame de couteau au centre du gâteau pour voir s'il est cuit : elle doit ressortir propre. Laisse refroidir et coupe le brownie en parts.

Madeleines Tagada® et Banana®

Pour environ 20 madeleines, il te faut :

- 180 g de sucre glace
- 150 g de beurre
- 80 g de farine
- 125 g de poudre d'amandes
- 6 blancs d'œufs
- 1 petit sachet de fraises Tagada®
- 1 petit sachet de bonbons Banana®
- 1 pincée de sel

1. Préchauffe le four à 160 °C (th. 5), pendant que tu fais fondre le beurre en morceaux à la casserole à feu doux.

2. Bats les blancs d'œufs à la fourchette, fais-les mousser et ajoute le sucre glace. Puis, après avoir bien mélangé, ajoute la farine, la poudre d'amandes et le sel.

3. Verse le beurre tiédi dans ta préparation en tournant doucement. À l'aide d'une cuillère à soupe, garnis tes moules à madeleines et mets-les au four 10 minutes.

4. Lorsque les madeleines sont dorées, sors-les et enfonce légèrement sur chacune un bonbon fraise ou banane. Laisse-les bien refroidir.

5. Avec les jaunes restants, fais des cornets de frites (sucrées, bien sûr !) : la recette se trouve p. 60.

Meringues à la rose

Pour 20 petites meringues, il te faut :

- 3 gros blancs d'œufs
- 90 g de sucre en poudre
- 1 pincée de sel
- 1 cuillerée à soupe d'eau de rose
- 4 gouttes de colorant alimentaire rouge

1. Allume le four à 100 °C (th. 3). Pendant ce temps, bats les blancs en neige avec une pincée de sel : ils doivent être très fermes.

2. Verse le sucre petit à petit sans cesser de mélanger. Puis ajoute l'eau de rose et le colorant.

3. Mets la préparation dans une poche à douille ou dans un sac en plastique étanche dont tu auras coupé un angle : les meringues seront plus jolies. Sinon fais des petits tas avec une cuillère à soupe.

4. Recouvre la plaque du four d'une feuille de cuisson. Espace bien les meringues. Fais-les cuire au moins une heure et laisse-les refroidir. Détache-les délicatement à l'aide d'une spatule.

Macarons au chocolat

Pour 20 macarons, il te faut :

25 g de sauce chocolat (rayon pâtisserie du supermarché)

2 gros blancs d'œuf

100 g de sucre en poudre

30 g de poudre d'amandes

1/2 cuillerée à café de levure chimique

1 pincée de sel

Un peu d'arôme amande

1 Allume le four à 100 °C (th. 3/4). Bats les blancs en neige très ferme avec la pincée de sel et la levure.

2 Verse la sauce chocolat et l'arôme très lentement sur les blancs en neige sans cesser de mélanger.
Puis ajoute la poudre d'amandes, petit à petit.

3 Mets une feuille de papier cuisson sur la plaque du four et dépose de petites cuillerées de pâte bien espacées.

4 Fais cuire tes macarons 30 minutes et laisse-les bien refroidir avant de les détacher avec une spatule.
Tu peux aussi faire cuire tes macarons dans des caissettes en papier.

Carrément coco

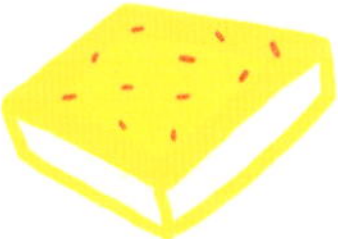

Pour environ 20 carrés, il te faut :

- 110 g de beurre
- 90 g de sucre de canne
- 2 cuillerées à soupe de miel
- 125 g de noix de coco râpée
- 80 g de flocons d'avoine
- 6 cuillerées à soupe de corn-flakes

1 Préchauffe ton four à 180 °C (th. 6). Fais fondre le beurre, le miel et le sucre à feu doux dans une casserole, puis arrête la cuisson.

2 Ajoute les flocons d'avoine, les corn-flakes, la noix de coco râpée et mélange bien.

3 Verse cette pâte dans un plat recouvert d'une feuille de papier cuisson, étale-la bien : elle ne doit pas être trop épaisse (environ 2 cm de haut).

4 Mets le plat au four 10 à 15 minutes. Laisse refroidir une ou deux minutes avant de couper des carrés. Attends qu'ils soient bien froids pour les croquer !

Chouquettes multicolores

Pour environ 20 chouquettes, il te faut :

150 g de farine

100 g de beurre

4 cuillerées à soupe de sucre en poudre

4 œufs

25 cl d'eau

1 pincée de sel

50 g de sucre en grains

Quelques gouttes de colorants alimentaires

1 Préchauffe ton four à 160 °C (th. 5). Fais fondre le beurre et l'eau dans une casserole à feu moyen. Pendant ce temps, mélange la farine, le sucre et le sel dans un bol à part.

2 Lorsque ça bout, mets la casserole hors du feu et verse la farine d'un seul coup en tournant avec une cuillère en bois jusqu'à ce que la pâte se décolle des bords de la casserole.
Laisse refroidir quelques minutes.

3 Ajoute les œufs un par un en mélangeant rapidement pour ne pas les cuire.

4 Mets quelques gouttes de colorant dans des soucoupes et verse une cuillerée de sucre en grains dans chaque couleur en les remuant avec une fourchette pour bien les enrober.

5 Dépose des petits tas de pâte sur une plaque recouverte de papier cuisson et parsème-les de grains colorés. Laisse cuire les chouquettes jusqu'à ce qu'elles soient bien gonflées et dorées.

Congos rigolos

Pour environ 30 congos, il te faut :

150 g de sucre

2 œufs

125 g de noix de coco râpée

1 petit morceau de fruit confit rouge et quelques billes décoratives (au rayon pâtisserie du supermarché)

1 Préchauffe ton four à 160 °C (th. 5). Fouette les œufs et le sucre à la fourchette quelques minutes.

2 Ajoute la noix de coco râpée : la pâte doit être assez épaisse pour faire des boulettes. Si elle est trop liquide, rajoute de la noix de coco.

3 Façonne de petites boules entre les paumes de tes mains et dépose-les sur une plaque recouverte de papier cuisson.

4 Enfonce deux billes pour faire les yeux. Découpe des petites lanières de fruit confit et colle-les pour faire la bouche : Jean qui rit ou Jean qui pleure, c'est toi qui choisit !

5 Fais cuire tes congos au four pendant 15 minutes puis laisse-les refroidir. Tu peux utiliser des petites caissettes en papier ou des moules en silicone.

Cup cakes au citron et à l'orange

Pour environ 12 cup cakes, il te faut :

- 250 g de farine
- 150 g de sucre en poudre
- 125 g de beurre
- 30 g de sucre glace
- 1 verre de lait
- 1 œuf
- 1/2 sachet de levure chimique
- 1 pincée de sel
- Quelques gouttes d'arômes citron et orange
- Quelques gouttes de colorants alimentaires (jaune et rouge)

1. Préchauffe ton four à 160 °C (th. 5). Fais fondre le beurre et le sucre dans une casserole à feu doux. Éteins et laisse refroidir un peu.

2. Ajoute l'œuf en tournant vite et mélange bien. Verse la farine, la levure et le sel. Mélange encore.

3. Délaye ta pâte avec le lait pour la rendre crémeuse. Remplis aux trois quarts des petits moules ou des caissettes en papier et mets au four 15 à 20 minutes.

4. Prépare le glaçage en mélangeant la moitié du sucre glace avec l'arôme citron et 3 gouttes de colorant jaune. Puis l'autre moitié avec l'arôme orange et 2 gouttes de colorant jaune plus une goutte de rouge.

5. Étale le glaçage sur les cup cakes bien refroidis et attends qu'il durcisse.

Mini-croissants

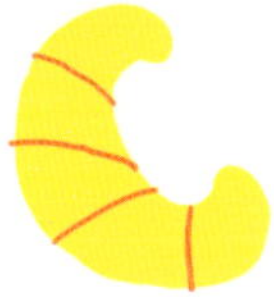

Pour environ 30 mini-croissants, il te faut :

1 pâte feuilletée (pur beurre, c'est mieux !)
2 cuillerées à soupe de sucre en poudre
1 jaune d'œuf

❶ Préchauffe ton four à 180 °C (th. 6). Déroule la pâte : il faut qu'elle soit assez froide sinon elle devient collante.

❷ Trace un carré à l'aide d'un couteau en enlevant les bords de la pâte, puis découpe des bandes de 6 cm de large sur la longueur.

Le truc en plus :
Et si tu faisais des croissants salés ? Garnis les triangles de fromage râpé ou de jambon avant de les rouler. Badigeonne-les avec l'œuf battu mais sans ajouter de sucre.

❸ Découpe chaque bande en triangles (environ 6 par bande). Du bout des doigts, roule les triangles en commençant par le côté large. Recourbe les côtés pour former des croissants.

❹ Dispose-les sur une plaque recouverte d'un papier cuisson. Bats le jaune d'œuf et le sucre avec une cuillerée à soupe d'eau froide et badigeonne les croissants avec un pinceau.

❺ Mets au four pendant 10 minutes jusqu'à ce que les croissants soient bien dorés. Laisse bien refroidir.

Tartelettes aux fruits rouges

Pour 10 tartelettes, il te faut :

- 230 g de farine
- 125 g de sucre
- 125 g de beurre
- 1 œuf
- 1 gousse de vanille
- 1 pincée de sel
- 1 pot de gelée de groseille (ou de framboise ou de cassis)
- Des fruits rouges (groseilles, framboises, fraises, mûres...)

1. Préchauffe ton four à 160 °C (th. 5). Pendant ce temps, bats l'œuf et le sucre à la fourchette dans un saladier.

2. Fends la gousse de vanille en deux et récupère les graines avec la pointe d'un couteau. Ajoute-les à la préparation.

3. Verse-y la farine d'un seul coup et émiette la pâte du bout des doigts jusqu'à ce qu'elle soit sableuse. Mets le beurre coupé en petits morceaux et pétris pour former une boule.

4. Étale ta pâte. Beurre des petits moules à tarte et garnis-les de pâte. Si tu n'as pas de moules, tu peux découper des cercles avec un verre retourné.

5. Avec une fourchette, pique le fond des tartelettes et fais-les cuire 10 minutes. Laisse-les refroidir. Puis étale une cuillerée de gelée avant de disposer les fruits.

Cigares aux amandes

Pour environ 20 cigares, il te faut :

1 paquet de feuilles de brick

80 g de poudre d'amandes

50 g de beurre

50 g de sucre en poudre

1 cuillerée à soupe + 1 cuillerée à café de miel

1 Préchauffe ton four à 180 °C (th. 6). Pendant ce temps, fais fondre le beurre, le sucre et le miel à feu doux.

2 Verse la poudre d'amandes hors du feu : la préparation doit être assez épaisse. Sinon rajoute de la poudre d'amandes.

3 Découpe des carrés de 10 cm x 20 cm dans les feuilles de brick (tu peux faire trois cigares par feuille). Étale une cuillerée à soupe de crème d'amandes en haut du rectangle.

4 Commence à rouler la feuille, puis plie les deux côtés avant de continuer à rouler pour emprisonner la crème d'amandes à l'intérieur.

5 Dilue le reste de miel dans une cuillerée d'eau tiède et badigeonne les cigares. Dispose-les sur une plaque recouverte d'un papier cuisson et fais-les cuire 10 à 15 minutes. Laisse bien refroidir.

Chips de crêpes et fondue au chocolat

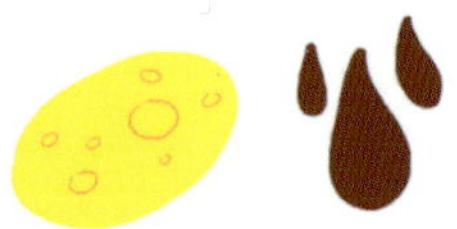

Pour environ 20 chips, il te faut :

- 1 œuf
- 2 verres de lait
- 1 verre de farine
- 1 pincée de sel
- 2 cuillerées à soupe de sucre en poudre
- 1 cuillerée à soupe d'huile de tournesol

Pour la fondue, il te faut :

- 100 g de chocolat noir
- 1/2 verre de lait

1. Prépare ta pâte à crêpes en mélangeant la farine, le sucre et l'œuf, puis en délayant avec le lait. Ajoute la pincée de sel.

2. Fais chauffer une poêle légèrement huilée. Verse quatre ou cinq cuillerées à soupe de pâte dans la poêle en les espaçant bien. Étale-les un peu avec le dos de la cuillère pour leur donner une forme bien ronde. La pâte doit être assez fine.

3. Baisse le feu : les chips doivent cuire longtemps mais doucement. Fais- les dorer de chaque côté. Lorsqu'elles deviennent croquantes, laisse-les refroidir sur une assiette.

4. Pour la fondue : fais chauffer à feu doux le chocolat cassé en morceaux avec le lait. Lorsque la sauce est bien lisse, laisse tiédir. On peut manger la fondue chaude ou froide. Quel délice !

La véritable île flottante

Pour 4 personnes, il te faut :

- 3 œufs
- 1/2 litre de lait
- 1 gousse de vanille
- 100 g de sucre en poudre
- 1 pincée de sel
- 3 ou 4 gouttes de colorants alimentaires vert ou bleu

1. Sépare les blancs des jaunes de tes œufs. Fais chauffer le lait avec 50 g de sucre et la gousse de vanille fendue en deux. Hors du feu, verse lentement le lait sur les jaunes d'œufs battus en tournant vite pour ne pas les cuire.

2. Remets la casserole à feu doux sans cesser de mélanger : il ne faut pas que ça bouille sinon la crème tourne.

3. Lorsque la crème est assez épaisse, laisse-la refroidir. Pendant ce temps, bats les blancs en neige avec une pincée de sel. Une fois montés, ajoute progressivement 50 g de sucre.

4. Dans une casserole d'eau bouillante, dépose des gros morceaux de blanc en neige et laisse-les pocher 30 secondes en les retournant une fois. Laisse-les refroidir.

5. Délaye 3 ou 4 gouttes de colorant dans la crème anglaise, verses-en une louche dans un bol et dépose ton île au milieu. C'est bon quand c'est bien frais !

Pain pas perdu pour tout le monde !

Pour 6 tartines, il te faut :

6 tranches de brioche

1 œuf

6 cuillerées à soupe de sucre en poudre

1/2 verre de lait

1 cuillerée à soupe d'huile de tournesol

1 bombe de chantilly

1 Découpe des cercles dans les tranches de brioches à l'aide d'un verre retourné.

2 Bats l'œuf, le sucre et le lait dans une assiette creuse. Trempe les tartines en les retournant pour qu'elles soient bien imbibées.

3 Huile une grande poêle avec un morceau de papier absorbant et fais-la chauffer.

4 Fais dorer les tartines des deux côtés puis, laisse refroidir.

5 Recouvre-les d'une couche de chantilly et régale-toi : c'est encore meilleur quand on a de la crème sur le bout du nez !

Moelleux au chocolat

Pour environ 12 moelleux, il te faut :

- 80 g de chocolat noir
- 70 g de beurre
- 80 g de sucre en poudre
- 40 g de farine
- 3 œufs
- 1 pincée de sel

1. Préchauffe ton four à 180 °C (th. 6). À feu doux, fais fondre le beurre et le chocolat cassé en morceaux. Ajoute le sucre.

2. Sépare les blancs des jaunes d'œufs. Une fois le mélange tiède, ajoute les jaunes un par un à la sauce chocolatée puis verse la farine et mélange encore.

3. Monte les blancs en neige avec une pincée de sel et incorpore-les petit à petit au chocolat en soulevant la pâte.

4. Verse dans des petits moules beurrés (ou des caissettes de papier plissé) et fais-les cuire 8 minutes. Le centre doit être encore un peu crémeux.

Le truc en plus : Délicieux avec de la crème anglaise ou de la glace à la vanille ! Tu peux aussi ajouter des noix, des noisettes ou des amandes hachées.

Clémentines givrées

Pour 6 personnes, il te faut :

6 clémentines (de préférence sans pépins)

200 g de crème fraîche entière liquide

50 g de sucre en poudre

1 citron

1 Enlève le chapeau des clémentines et creuse-les avec une petite cuillère. Évite de percer la peau du fruit. Place les coques vides et les chapeaux au congélateur.

2 Avec un mixeur-plongeur, mixe la chair des clémentines avec le sucre, le jus de citron et la crème fraîche.

3 Mets la préparation dans un bol en plastique au congélateur. Au bout de deux heures, sors le bol et mixe à nouveau la crème glacée. Remets-la au congélateur.

4 Une heure plus tard, mixe encore la glace et remplis les clémentines. Recouvre-les de leur chapeau et laisse-les au congélateur jusqu'au moment de servir. (Pour qu'elles ne soient pas trop dures, on peut les sortir 10 minutes avant.)

Smoothies

Pour 6 à 8 verres,
il te faut :

- 4 bananes
- 1 barquette de fraises
- 4 kiwis
- 2 citrons
- 2 mangues bien mûres
- 8 cuillerées à soupe de sucre en poudre

1. Pèle les bananes, les kiwis et les mangues. Coupe-les en morceaux. Lave et équeute les fraises et presse le jus des citrons.

2. Mixe chaque sorte de fruit séparément en ajoutant une cuillerée à soupe de jus de citron et deux cuillerées à soupe de sucre.

3. Verse les purées de fruits dans des petits verres et garnis-les d'un glaçon et de petites pailles rigolotes. Les smoothies : c'est cool !

Le cinq-quarts de Madeleine

Pour 8 personnes, il te faut :

- 150 g de beurre
- 150 g de farine
- 150 g de sucre
- 3 petits œufs
- 3 petites pommes
- 1/2 sachet de levure chimique
- 1 pincée de sel

Le truc en plus : Tu peux remplacer les pommes par des poires, des pêches, des abricots, et même des pruneaux.

1. Préchauffe ton four à 160 °C (th. 5). Écrase le beurre et le sucre à la fourchette jusqu'à ce que le mélange soit crémeux.

2. Ajoute les œufs un par un en mélangeant bien entre chacun d'eux. Verse la levure et le sel, puis la farine, petit à petit. Mélange encore.

3. Pèle les pommes et coupe-les en petits morceaux. Ajoute-les dans la pâte.

4. Verse la préparation dans un moule à cake recouvert d'un papier cuisson et laisse au four 40 minutes. Il est cuit lorsque la lame de ton couteau plantée au centre ressort propre. Froid, c'est bon, mais tiède, c'est encore meilleur !

Clafoutis aux cerises

Pour 6 personnes, il te faut :

150 g de farine

100 g de sucre en poudre + 2 cuillerées à soupe

1/2 litre de lait

3 œufs

250 g de cerises dénoyautées, fraîches, surgelées ou en conserve

Un peu de beurre pour le moule

1. Préchauffe ton four à 160 °C (th. 5). Mélange le sucre et la farine.

2. Ajoute les œufs un par un, puis mélange avec le lait.

3. Beurre le fond d'un moule rond à bords hauts (ou d'un plat à gratin) et dispose-y les cerises.

4. Verse la pâte sur les cerises et mets le clafoutis au four pendant 20 minutes.

5. Sors le plat du four, saupoudre du reste de sucre et remets au four 10 minutes. Le clafoutis se mange tiède ou froid (ou les deux !) Miam !

Carrot cake (cake à la carotte)

Pour 10 personnes, il te faut :

- 150 g de farine
- 120 g de sucre roux
- 4 carottes
- 2 œufs
- 1 verre d'huile de tournesol
- 1/2 sachet de levure chimique
- 1 cuillerée à café de cannelle en poudre
- 1 cuillerée à café de bicarbonate
- 1 pincée de sel

Pour le glaçage :

- 1 barquette de fromage à tartiner nature (type St-Môret)
- 1 citron
- 1 cuillerée à café d'extrait de vanille
- 3 cuillerées à soupe de sucre glace

1. Préchauffe ton four à 180 °C (th. 6). Bats les œufs et le sucre à la fourchette, puis ajoute l'huile. Mélange bien.

2. Pèle et râpe les carottes avant de les incorporer à la préparation. Ajoute ensuite la farine, la levure, le bicarbonate, la cannelle et le sel. Mélange encore.

3. Verse la pâte dans un moule à cake recouvert d'un papier cuisson. Mets au four pendant 40 minutes et vérifie que le cake est cuit en enfonçant un couteau au centre. Il doit ressortir sec.

4. Pendant que le gâteau refroidit, prépare le glaçage. Mélange : fromage, sucre glace, extrait de vanille et jus de citron. Recouvre le dessus du cake avant de couper en (grosses !) tranches.

Flan rapido aux abricots

Pour 6 personnes, il te faut :

1 boîte de lait concentré sucré (410 g)

3 œufs

3 cuillerées à soupe de farine

8 abricots frais (ou une petite boîte d'abricots au sirop)

1 cuillerée à soupe de beurre

1. Préchauffe ton four à 180 °C (th. 6). Bats les œufs et mélange-les avec le lait concentré sucré.

2. Ajoute la farine pour épaissir un peu.

3. Beurre le fond d'un moule rond à bords hauts (ou d'un plat à gratin) et dispose les abricots dénoyautés coupés en deux. Verse la préparation sucrée et mets au four pendant 30 minutes.

Les trucs en plus :

Tu peux préparer la même recette en ajoutant une pâte feuilletée au fond du moule.

Tu peux remplacer la farine par 3 cuillerées à soupe de poudre d'amandes.

Roulé au Nutella®

Pour 6 à 8 personnes, il te faut :

100 g de farine

125 g de sucre en poudre

50 g de beurre

4 œufs

1/2 sachet de levure chimique

1 pincée de sel

1 pot de Nutella®

1 Préchauffe ton four à 180 °C (th. 6). Fais fondre le beurre dans une casserole à feu doux.

2 Monte les blancs en neige avec la pincée de sel. Bats les jaunes d'œufs et le sucre à la fourchette jusqu'à ce que le mélange soit mousseux.

3 Ajoute à cette préparation un peu de farine, puis un peu de blanc en neige, puis un peu de beurre fondu. Recommence jusqu'à ce que tous les ingrédients soient utilisés. N'oublie pas la levure.

4 Étale la pâte sur deux plaques rectangulaires, recouvertes de papier cuisson. Elle doit être bien fine.

5 Fais cuire les pâtes 10 minutes. Demande à un adulte de les rouler sur elles-mêmes avec le papier cuisson lorsqu'elles sont encore tièdes. Laisse-les refroidir complètement.

6 Déroule les pâtes délicatement et garnis-les de Nutella®. Roule-les à nouveau, mais sans le papier cette fois ! Découpe en tranches.

Gâteau aux pommes râpées

Pour 6 personnes, il te faut :

125 g de farine

100 g de sucre en poudre

1 sachet de sucre vanillé

50 g de beurre

1/2 sachet de levure chimique

2 grosses pommes

1/2 citron

1 petit morceau de pâte d'amandes verte et 1 biscuit au chocolat pour la décoration (Mikado© ou Finger©)

1 Préchauffe ton four à 180 °C (th. 6). Pèle les pommes et râpe-les (avec une râpe à gros trous). Ajoute le jus de citron. Mélange.

2 Mélange la farine, le sucre en poudre, la levure et le sucre vanillé. Ajoute le beurre coupé en petits morceaux et émiette-le du bout des doigts.

3 Lorsque la pâte est sableuse, verses-en la moitié dans un plat qui va au four. Tapote du plat de la main pour tasser la pâte.

4 Étale tes pommes râpées en formant un dôme et en laissant un centimètre de pâte sur les bords. Recouvre du reste de pâte. Tapote en appuyant sur les côtés.

5 Mets ton gâteau au four 30 à 40 minutes jusqu'à ce qu'il soit doré sur les bords. Laisse refroidir. Décore avec des morceaux de biscuit et une feuille de pâte d'amandes verte.

Crumble aux framboises

Pour 6 personnes,
il te faut :

120 g de sucre en poudre

150 g de farine

125 g de beurre

500 g de framboises fraîches ou surgelées

1 Préchauffe ton four à 180 °C (th. 6). Mélange le sucre et la farine dans un saladier.

2 Ajoute 100 g de beurre coupé en petits morceaux et mélange du bout des doigts pour faire des miettes (*crumble* en anglais, ça veut dire « miette »).

3 Verse les framboises dans 6 pots lavés et séchés. Remplis-les à moitié et recouvre de pâte à crumble.

4 Dépose des petits morceaux de beurre sur le dessus des crumbles et mets-les au four 20 à 30 minutes. Le dessus doit être bien doré.

Le truc en plus :
Délicieux avec de la crème fraîche.
Tu peux faire des crumbles avec presque tous les fruits : à toi de jouer !

Abeille en pain d'épices

Pour 6 personnes, il te faut :

- 125 g de farine
- 70 g de sucre de canne
- 70 g de miel liquide
- 1 œuf
- 1/2 verre de lait
- 1/2 sachet de levure chimique
- 1 cuillerée à café de bicarbonate
- 1 cuillerée à café de cannelle en poudre
- 1 pincée de sel
- 1 paquet de pâte d'amandes blanche
- Quelques gouttes de colorants alimentaires jaune, rouge et bleu

1. Préchauffe ton four à 180 °C (th.6). Fais fondre le miel, le sucre de canne et la cannelle à feu doux. Laisse refroidir.

2. Ajoute l'œuf et mélange bien. Verse la farine, la levure et le bicarbonate, et mélange encore. Ajoute le lait lorsque la préparation devient trop épaisse.

3. Verse la pâte dans un moule à tarte recouvert d'un papier cuisson et fais cuire le pain d'épices 25 à 30 minutes.

4. Lorsqu'il est bien froid, découpe-le en forme d'abeille : la tête est ronde et le corps est ovale.

5. Colore un gros morceau de pâte d'amandes (sauf un petit bout) avec le colorant jaune. Mélange une goutte de rouge, une goutte de bleu et une goutte de jaune pour obtenir du marron et pétris le petit bout restant.

6. Étale la pâte jaune au rouleau entre deux feuilles de papier cuisson pour qu'elle ne colle pas. Découpe ta pâte en bandes et dispose-les sur l'abeille. Avec le marron, roule des serpentins pour faire les yeux.

Fraisier en pièce montée

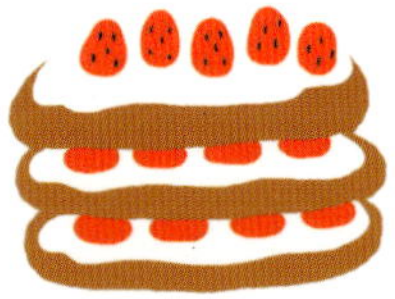

Pour 8 personnes, il te faut :

- 150 g de sucre en poudre
- 80 g de farine
- 50 g de Maïzena
- 4 œufs
- 1/2 sachet de levure chimique
- 1 pincée de sel
- 250 g de fromage blanc
- 500 g de fraises
- 1 bombe de chantilly

1. Préchauffe ton four à 160 °C (th. 5). Fouette longuement les jaunes d'œufs avec 125 g de sucre. Ajoute petit à petit la farine et la Maïzena ainsi que la levure, en tournant avec une cuillère en bois.

2. Monte les blancs en neige avec une pincée de sel et incorpore-les à la préparation en soulevant avec ta cuillère.

3. Verse la pâte dans un moule rond recouvert d'un papier cuisson. Mets au four le gâteau pendant 30 minutes et vérifie qu'il est bien cuit en plantant un couteau au centre.

4. Lorsque le gâteau est refroidi, coupe-le en trois cercles dans l'épaisseur.

5. Mélange le reste de sucre au fromage blanc et étales-en un peu sur le premier disque. Recouvre ensuite de fraises coupées en morceaux (garde les plus belles pour le dessus).

6. Superpose les trois cercles en alternant fromage blanc et fraises. Termine par une belle rangée de fruits et décore avec de la chantilly. Mets le gâteau au frais avant de servir.

Gâteau bougie

Spécial fête

Pour 8 à 12 personnes, il te faut :

- 180 g de sucre glace
- 80 g de farine
- 80 g de poudre d'amandes
- 150 g de beurre
- 5 blancs d'œufs
- 150 g de pâte d'amandes
- 1 pincée de sel
- Quelques gouttes de colorants alimentaires (jaune, rouge et bleu)

1. Préchauffe ton four à 160 °C (th. 5). Bats les blancs et le sucre glace à la fourchette jusqu'à ce que ça mousse.

2. Mélange la farine, la poudre d'amandes et le sel, et verse-les dans la préparation sucrée. Fais fondre le beurre à feu doux et ajoute-le à la préparation de l'étape 1.

3. Verse la pâte dans un moule (carré de préférence) recouvert d'un papier cuisson. Fais cuire 20 minutes jusqu'à ce que les bords soient dorés. Laisse bien refroidir.

4. Coupe autant de gâteaux bougies que tu as d'années et mange le reste !

5. Sépare la pâte d'amandes en cinq ou six morceaux et pétris-les avec quelques gouttes de colorant, en mélangeant les teintes pour obtenir des couleurs variées. Étale les morceaux entre deux feuilles de papier cuisson. Découpe des bandes de la taille des bougies et pose-les sur chaque gâteau.

6. Avec un morceau de pâte jaune, forme les flammes et pose-les devant chaque bougie. Joyeux anniversaire !

Spécial fête

Guirlandes de bonbons

Pour 4 guirlandes, il te faut :

- 1 sachet de soucoupes
- 1 sachet de fraises
- 1 sachet de marshmallows
- 1 sachet de bonbons mélangés
- 1 bobine de fil et une aiguille

1. Perce les soucoupes à la base, enfile-les l'une après l'autre en faisant un nœud autour de chacune. Suspends la guirlande : au moment du goûter, on a le droit de les croquer sur le fil et sans les mains !

2. Entoure chaque marshmallow d'un tour de fil et fais un nœud. Fabrique une longue guirlande et suspends-la. N'essaie pas de les percer avec l'aiguille pour les enfiler, ils sont trop collants !

3. Enfile les fraises tout le long d'un fil en faisant un petit nœud entre chaque. Fais un concours de blagues : chaque participant a droit de croquer une fraise !

4. Enfile tes bonbons en essayant de varier les couleurs pour que ce soit plus joli. Tu peux aussi préparer une petite guirlande pour chacun de tes invités : ça change des brochettes, non ?

Cocktails bicolores

Spécial fête

Pour 4 cocktails différents, il te faut :

- 1 jus de fraise ou de framboise
- 1 jus de kiwi
- 1 jus de pomme
- 1 jus d'abricot
- 1/2 verre de sirop de citron
- 1/2 verre de sirop d'orange
- 1/2 verre de sirop de menthe (vert ou bleu)
- 1/2 verre de sirop de cassis

1. Verse chaque jus dans un verre.

2. Ajoute le sirop en versant tout doucement sur le bord du verre incliné, en te servant d'un bouchon ou d'une petite tasse : le sirop va se placer au fond du verre et tes cocktails seront multicolores.

3. Varie les goûts et les couleurs : framboise et sirop de citron, kiwi et sirop d'orange, fraise et sirop de menthe, jus de pomme et sirop de cassis, jus d'abricot et grenadine... C'est la fête !

Le truc en plus :
Crée des « touilleurs » fruités en enfilant sur des pailles des morceaux de fruits percés avec une pique apéritif (fraises, raisins, oranges...) Ne les mets pas dans les cocktails : les couleurs se mélangeraient !

Sandwiches choco-fruits

Spécial plein air

Pour 6 sandwiches, il te faut :

- **12 tranches de brioche**
- **1 banane**
- **1 poire**
- **100 g de fraises**
- **1 pot de Nutella®**
- **1 citron**

❶ Pèle la poire et la banane et coupe-les en longues tranches pas trop fines. Arrose-les de jus de citron pour ne pas que les fruits noircissent.

❷ Lave et équeute les fraises et coupe-les en tranches.

❸ Étale une couche de Nutella® sur chaque tranche de brioche et dispose les fruits sur une seule face : fraise, banane, poire…

❹ Pose la deuxième tranche chocolatée par-dessus et coupe les sandwiches en triangle.

❺ Pour pique-niquer dans ton jardin ou au parc, enveloppe-les dans du film alimentaire comme de vrais sandwiches !

Salade de fruits rouges aux bonbecs

Spécial plein air

Pour 6 personnes, il te faut :

- 1 barquette de fraises
- 1 barquette de framboises
- 1 barquette de mûres
- 1 sachet de bonbons à la framboise et à la mûre
- 2 cuillerées à soupe de sucre en poudre
- 1 citron

1. Passe les fruits sous l'eau et essuie-les doucement en les tapotant avec du papier absorbant.

2. Coupe les fraises en deux ou en quatre, sauf si elles sont petites. Ajoute les framboises, les mûres, saupoudre de sucre et arrose le tout d'un jus de citron. Mélange !

3. Verse la salade de fruits dans de jolis verres ou coupelles et dispose 5 ou 6 bonbons dessus.

4. Place les coupelles au frais jusqu'au moment de servir. C'est beau et c'est bon !

Jus de fruits dans le fruit

Spécial plein air

Pour 6 jus, il te faut :

2 pommes granny-smith

2 oranges

2 citrons

2 cuillerées à soupe de grenadine

1. Avec l'aide d'un adulte, découpe le haut de chaque fruit et garde les chapeaux.

2. Creuse les fruits avec une petite cuillère en prenant garde de ne pas les abîmer. Arrose l'intérieur des pommes d'un peu de jus de citron. Garde la pulpe et le jus de tous les fruits.

3. Ôte les pépins et les morceaux durs du trognon, ainsi que les filaments des oranges et des citrons. Mixe la chair des pommes et la pulpe des agrumes.

4. Filtre le jus à travers une passoire. Ajoute la grenadine, mélange bien et verse dans les fruits.

5. Mets au frais en attendant de boire les jus. Décore avec une petite paille.

Saucisson au chocolat

Spécial blagues

Pour environ 20 tranches, il te faut :

200 g de chocolat noir

40 g de beurre

2 cuillerées à soupe de miel

1 sachet de pépites de nougatines ou d'éclats de noisettes ou d'éclats d'amandes (ou un peu des trois)

3 cuillerées à soupe de sucre glace

1. Fais fondre le chocolat, le miel et le beurre à feu doux.

2. Hors du feu, ajoute les éclats de fruits secs et mélange.

3. Verse la pâte sur une feuille de papier cuisson et laisse-la refroidir.

4. Roule-la dans le papier cuisson de manière à former un saucisson.

5. Mets le saucisson au frais pour la nuit. Le lendemain, saupoudre-le de sucre glace. Coupe des tranches et sers-le sur une planche en bois comme un vrai saucisson !

Découvre l'étiquette du saucisson à la fin du livre

Cornet de frites sucrées

Spécial blagues

Pour environ 40 frites, il te faut :

230 g de farine

125 g de sucre en poudre

130 g de beurre

5 jaunes d'œufs

1 Préchauffe ton four à 160°C (th. 5). Mets le beurre coupé en petits morceaux dans un saladier avec le sucre. Écrase le tout à la fourchette jusqu'à ce que ce soit crémeux.

2 Ajoute les jaunes d'œufs un par un en mélangeant bien à chaque fois. Verse la farine petit à petit.

3 Remplis ta poche à douille avec la pâte. (Regarde au début du livre comment faire si tu n'as pas cet ustensile.)

4 Presse ta poche pour faire sortir la pâte et déposer des bâtonnets d'environ 8 cm de long sur une feuille de papier cuisson.

5 Fais cuire tes frites 8 à 10 minutes jusqu'à ce qu'elles soient dorées. Laisse-les bien refroidir. Dispose-les dans ton cornet **(carterie à la fin du livre)**.

Spécial blagues

Gâteau camembert !

Pour 4 camemberts, il te faut :

- 250 g de farine
- 100 g de sucre en poudre
- 100 g de beurre
- 4 œufs
- 4 cuillerées à soupe de lait
- 1/2 sachet de levure chimique
- 3 cuillerées à soupe de sucre glace
- 1 citron non traité
- 1 pincée de sel
- 4 boîtes de camembert vides

Étiquettes à découper à la fin du livre

1. Préchauffe ton four à 160 °C (th. 5). Fais fondre le beurre à feu doux. Bats les jaunes d'œufs et le sucre à la fourchette.

2. Verse doucement la farine et la levure, tout en mélangeant avec le lait et le beurre fondu. Ajoute le jus et le zeste d'un citron.

3. Bats les blancs en neige ferme avec une pincée de sel. Incorpore-les délicatement, en soulevant la pâte avec une cuillère en bois.

4. Recouvre la plaque de ton four d'une feuille de papier cuisson. Étale la pâte dessus.

5. Fais cuire le gâteau 30 minutes : il doit rester assez blanc et souple. Laisse-le bien refroidir.

6. Pose une boîte de camembert à l'envers sur un bord du gâteau : fais 4 camemberts. Appuie fort : le gâteau se détache et reste dans la boîte. Saupoudre de sucre glace et trace des lignes avec une fourchette : imitation garantie !

Doigts pour rigoler

Spécial blagues

Pour 12 doigts et 12 moustaches, il te faut :

- 230 g de farine
- 125 g de sucre en poudre
- 125 g de beurre
- 1 œuf
- 1 cuillerée à café d'extrait de vanille
- 2 cuillerées à soupe de sucre glace
- Quelques gouttes de colorant alimentaire rouge

1. Préchauffe ton four à 160 °C (th. 5). Fouette l'œuf et le sucre à la fourchette, avec l'extrait de vanille.

2. Verse la farine et mélange du bout des doigts pour émietter la pâte. Ajoute le beurre coupé en petits morceaux et pétris longuement pour former une boule bien lisse.

3. Façonne une dizaine de doigts en les roulant comme des boudins. Trace quelques lignes à la fourchette pour imiter les plis des doigts.

[suite de la recette]

... moustaches pour rigoler

4 Crée des moustaches de différentes formes en roulant des boudins et en aplatissant les deux côtés.

5 Mets les biscuits à cuire sur une plaque recouverte d'une feuille de papier sulfurisé.
Il faut : 8 minutes de cuisson pour les moustaches, et 15 minutes pour les doigts.

6 Une fois les doigts secs, délaye le sucre glace avec le colorant rouge et avec un pinceau, peins les ongles !

Publicité

100% EXCELLENT !

Des recettes exquises pour apprendre à cuisiner en s'amusant.

Indispensable pour les gourmands... petits et grands !

bayard jeunesse